Libro
de jardinería

Este libro es un blog de:

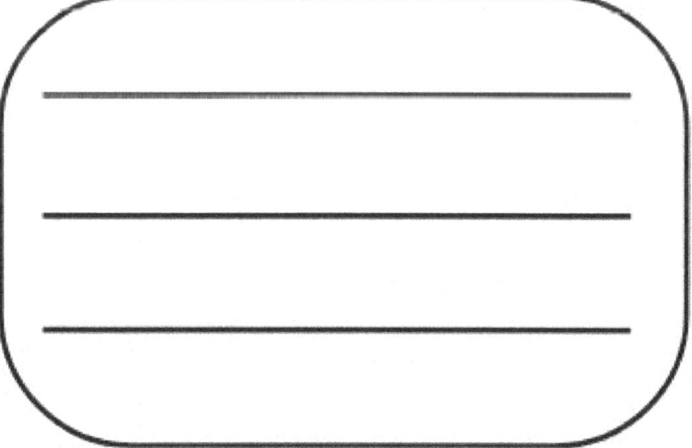

Idea de regalo perfecta para principiantes y aficionados a la jardinería

LIBRO DE JARDINERÍA

NOMBRE	POSICIÓN

PROVEEDOR	PRECIO

CLASE DE CIENCIAS

VEGETACIÓN	○	FRUTA
HIERBA	○	FLOR
ARBUSTO	○	ÁRBOL
ANUAL	○	BIENAL
PERMANENTE	○	SEMILLA

FECHAS

GERMINATO

PLANTA

COLECCIÓN

NIVEL DE LUZ

SOL

SOL PARCIAL

OMBRA

OTROS

EMPEZADO POR

SEMILLA

PLANTA

EVALUACIÓN

DIMENSIÓN ○○○○○

COLOR ○○○○○

GUSTO ○○○○○

FERTILIZANTES
Y EQUIPOS

REQUISITOS
DEL AGUA

0%
MENOS

INSTRUCCIONES
PARA EL CUIDADO

INSTRUCCIONES
PARA LA SIEMBRA

NOTAS
ADICIONALES

LIBRO DE JARDINERÍA

NOMBRE	POSICIÓN
PROVEEDOR	PRECIO

CLASE DE CIENCIAS

VEGETACIÓN	○	FRUTA
HIERBA	○	FLOR
ARBUSTO	○	ÁRBOL
ANUAL	○	BIENAL
PERMANENTE	○	SEMILLA

FECHAS

GERMINATO

PLANTA

COLECCIÓN

NIVEL DE LUZ

SOL

SOL PARCIAL

OMBRA

OTROS

EMPEZADO POR

SEMILLA

PLANTA

EVALUACIÓN

DIMENSIÓN	○ ○ ○ ○ ○
COLOR	○ ○ ○ ○ ○
GUSTO	○ ○ ○ ○ ○

FERTILIZANTES Y EQUIPOS

REQUISITOS DEL AGUA

0%
MENOS

INSTRUCCIONES PARA EL CUIDADO

INSTRUCCIONES PARA LA SIEMBRA

NOTAS ADICIONALES

LIBRO DE JARDINERÍA

NOMBRE

POSICIÓN

PROVEEDOR

PRECIO

CLASE DE CIENCIAS

VEGETACIÓN	○	FRUTA
HIERBA	○	FLOR
ARBUSTO	○	ÁRBOL
ANUAL	○	BIENAL
PERMANENTE	○	SEMILLA

FECHAS

GERMINATO

PLANTA

COLECCIÓN

NIVEL DE LUZ

SOL

SOL PARCIAL

OMBRA

OTROS

EMPEZADO POR

SEMILLA

PLANTA

EVALUACIÓN

DIMENSIÓN ○○○○○

COLOR ○○○○○

GUSTO ○○○○○

FERTILIZANTES
Y EQUIPOS

REQUISITOS
DEL AGUA

0%
MENOS

INSTRUCCIONES
PARA EL CUIDADO

INSTRUCCIONES
PARA LA SIEMBRA

NOTAS
ADICIONALES

LIBRO DE JARDINERÍA

NOMBRE

POSICIÓN

PROVEEDOR

PRECIO

CLASE DE CIENCIAS

VEGETACIÓN	◯	FRUTA
HIERBA	◯	FLOR
ARBUSTO	◯	ÁRBOL
ANUAL	◯	BIENAL
PERMANENTE	◯	SEMILLA

FECHAS

GERMINATO

PLANTA

COLECCIÓN

NIVEL DE LUZ

SOL

SOL PARCIAL

OMBRA

OTROS

EMPEZADO POR

SEMILLA

PLANTA

EVALUACIÓN

DIMENSIÓN ◯◯◯◯◯

COLOR ◯◯◯◯◯

GUSTO ◯◯◯◯◯

FERTILIZANTES
Y EQUIPOS

REQUISITOS
DEL AGUA

0%
MENOS

INSTRUCCIONES
PARA EL CUIDADO

INSTRUCCIONES
PARA LA SIEMBRA

NOTAS
ADICIONALES

LIBRO DE JARDINERÍA

NOMBRE	POSICIÓN
PROVEEDOR	PRECIO

CLASE DE CIENCIAS

VEGETACIÓN	○	FRUTA
HIERBA	○	FLOR
ARBUSTO	○	ÁRBOL
ANUAL	○	BIENAL
PERMANENTE	○	SEMILLA

FECHAS

GERMINATO

PLANTA

COLECCIÓN

NIVEL DE LUZ

SOL

SOL PARCIAL

OMBRA

OTROS

EMPEZADO POR

SEMILLA

PLANTA

EVALUACIÓN

DIMENSIÓN ○○○○○

COLOR ○○○○○

GUSTO ○○○○○

FERTILIZANTES Y EQUIPOS

REQUISITOS DEL AGUA

0%
MENOS

INSTRUCCIONES PARA EL CUIDADO

INSTRUCCIONES PARA LA SIEMBRA

NOTAS ADICIONALES

LIBRO DE JARDINERÍA

NOMBRE	POSICIÓN
PROVEEDOR	PRECIO

CLASE DE CIENCIAS

VEGETACIÓN	◯	FRUTA
HIERBA	◯	FLOR
ARBUSTO	◯	ÁRBOL
ANUAL	◯	BIENAL
PERMANENTE	◯	SEMILLA

FECHAS

GERMINATO

PLANTA

COLECCIÓN

NIVEL DE LUZ

SOL

SOL PARCIAL

OMBRA

OTROS

EMPEZADO POR

SEMILLA

PLANTA

EVALUACIÓN

DIMENSIÓN ◯◯◯◯◯

COLOR ◯◯◯◯◯

GUSTO ◯◯◯◯◯

FERTILIZANTES Y EQUIPOS

REQUISITOS DEL AGUA

0%
MENOS

INSTRUCCIONES PARA EL CUIDADO

INSTRUCCIONES PARA LA SIEMBRA

NOTAS ADICIONALES

LIBRO DE JARDINERÍA

NOMBRE

POSICIÓN

PROVEEDOR

PRECIO

CLASE DE CIENCIAS

VEGETACIÓN	○	FRUTA
HIERBA	○	FLOR
ARBUSTO	○	ÁRBOL
ANUAL	○	BIENAL
PERMANENTE	○	SEMILLA

FECHAS

GERMINATO

PLANTA

COLECCIÓN

NIVEL DE LUZ

SOL

SOL PARCIAL

OMBRA

OTROS

EMPEZADO POR

SEMILLA

PLANTA

EVALUACIÓN

DIMENSIÓN ○○○○○

COLOR ○○○○○

GUSTO ○○○○○

FERTILIZANTES Y EQUIPOS

REQUISITOS DEL AGUA

0%
MENOS

INSTRUCCIONES PARA EL CUIDADO

INSTRUCCIONES PARA LA SIEMBRA

NOTAS ADICIONALES

LIBRO DE JARDINERÍA

NOMBRE

POSICIÓN

PROVEEDOR

PRECIO

CLASE DE CIENCIAS

VEGETACIÓN	○	FRUTA
HIERBA	○	FLOR
ARBUSTO	○	ÁRBOL
ANUAL	○	BIENAL
PERMANENTE	○	SEMILLA

FECHAS

GERMINATO

PLANTA

COLECCIÓN

NIVEL DE LUZ

SOL

SOL PARCIAL

OMBRA

OTROS

EMPEZADO POR

SEMILLA

PLANTA

EVALUACIÓN

DIMENSIÓN ○○○○○

COLOR ○○○○○

GUSTO ○○○○○

<table>
<tr><td>FERTILIZANTES Y EQUIPOS</td><td>REQUISITOS DEL AGUA</td></tr>
</table>

FERTILIZANTES Y EQUIPOS

REQUISITOS DEL AGUA

0%
MENOS

INSTRUCCIONES PARA EL CUIDADO

INSTRUCCIONES PARA LA SIEMBRA

NOTAS ADICIONALES

LIBRO DE JARDINERÍA

NOMBRE

POSICIÓN

PROVEEDOR

PRECIO

CLASE DE CIENCIAS

VEGETACIÓN	○	FRUTA
HIERBA	○	FLOR
ARBUSTO	○	ÁRBOL
ANUAL	○	BIENAL
PERMANENTE	○	SEMILLA

FECHAS

GERMINATO

PLANTA

COLECCIÓN

NIVEL DE LUZ

SOL

SOL PARCIAL

OMBRA

OTROS

EMPEZADO POR

SEMILLA

PLANTA

EVALUACIÓN

DIMENSIÓN ○○○○○

COLOR ○○○○○

GUSTO ○○○○○

FERTILIZANTES Y EQUIPOS

REQUISITOS DEL AGUA

0%
MENOS

INSTRUCCIONES PARA EL CUIDADO

INSTRUCCIONES PARA LA SIEMBRA

NOTAS ADICIONALES

LIBRO DE JARDINERÍA

NOMBRE	POSICIÓN
PROVEEDOR	PRECIO

CLASE DE CIENCIAS

VEGETACIÓN	○	FRUTA	
HIERBA	○	FLOR	
ARBUSTO	○	ÁRBOL	
ANUAL	○	BIENAL	
PERMANENTE	○	SEMILLA	

FECHAS

GERMINATO

PLANTA

COLECCIÓN

NIVEL DE LUZ

SOL

SOL PARCIAL

OMBRA

OTROS

EMPEZADO POR

SEMILLA

PLANTA

EVALUACIÓN

DIMENSIÓN ○○○○○

COLOR ○○○○○

GUSTO ○○○○○

FERTILIZANTES
Y EQUIPOS

REQUISITOS
DEL AGUA

0%
MENOS

INSTRUCCIONES
PARA EL CUIDADO

INSTRUCCIONES
PARA LA SIEMBRA

NOTAS
ADICIONALES

LIBRO DE JARDINERÍA

NOMBRE

POSICIÓN

PROVEEDOR

PRECIO

CLASE DE CIENCIAS

VEGETACIÓN	○	FRUTA
HIERBA	○	FLOR
ARBUSTO	○	ÁRBOL
ANUAL	○	BIENAL
PERMANENTE	○	SEMILLA

FECHAS

GERMINATO

PLANTA

COLECCIÓN

NIVEL DE LUZ

SOL

SOL PARCIAL

OMBRA

OTROS

EMPEZADO POR

SEMILLA

PLANTA

EVALUACIÓN

DIMENSIÓN ○○○○○

COLOR ○○○○○

GUSTO ○○○○○

<table>
<tr><td>FERTILIZANTES
Y EQUIPOS</td><td>REQUISITOS
DEL AGUA</td></tr>
</table>

0%
MENOS

<table>
<tr><td>INSTRUCCIONES
PARA EL CUIDADO</td><td>INSTRUCCIONES
PARA LA SIEMBRA</td></tr>
</table>

NOTAS
ADICIONALES

LIBRO DE JARDINERÍA

NOMBRE

POSICIÓN

PROVEEDOR

PRECIO

CLASE DE CIENCIAS

VEGETACIÓN	○	FRUTA
HIERBA	○	FLOR
ARBUSTO	○	ÁRBOL
ANUAL	○	BIENAL
PERMANENTE	○	SEMILLA

FECHAS

GERMINATO

PLANTA

COLECCIÓN

NIVEL DE LUZ

SOL

SOL PARCIAL

OMBRA

OTROS

EMPEZADO POR

SEMILLA

PLANTA

EVALUACIÓN

DIMENSIÓN ○○○○○

COLOR ○○○○○

GUSTO ○○○○○

FERTILIZANTES
Y EQUIPOS

REQUISITOS
DEL AGUA

0%
MENOS

INSTRUCCIONES
PARA EL CUIDADO

INSTRUCCIONES
PARA LA SIEMBRA

NOTAS
ADICIONALES

LIBRO DE JARDINERÍA

NOMBRE

POSICIÓN

PROVEEDOR

PRECIO

CLASE DE CIENCIAS

VEGETACIÓN	○	FRUTA
HIERBA	○	FLOR
ARBUSTO	○	ÁRBOL
ANUAL	○	BIENAL
PERMANENTE	○	SEMILLA

FECHAS

GERMINATO

PLANTA

COLECCIÓN

NIVEL DE LUZ

SOL

SOL PARCIAL

OMBRA

OTROS

EMPEZADO POR

SEMILLA

PLANTA

EVALUACIÓN

DIMENSIÓN ○○○○○

COLOR ○○○○○

GUSTO ○○○○○

FERTILIZANTES
Y EQUIPOS

REQUISITOS
DEL AGUA

0%
MENOS

INSTRUCCIONES
PARA EL CUIDADO

INSTRUCCIONES
PARA LA SIEMBRA

NOTAS
ADICIONALES

LIBRO DE JARDINERÍA

NOMBRE

POSICIÓN

PROVEEDOR

PRECIO

CLASE DE CIENCIAS

VEGETACIÓN	○	FRUTA
HIERBA	○	FLOR
ARBUSTO	○	ÁRBOL
ANUAL	○	BIENAL
PERMANENTE	○	SEMILLA

FECHAS

GERMINATO

PLANTA

COLECCIÓN

NIVEL DE LUZ

SOL

SOL PARCIAL

OMBRA

OTROS

EMPEZADO POR

SEMILLA

PLANTA

EVALUACIÓN

DIMENSIÓN ○○○○○

COLOR ○○○○○

GUSTO ○○○○○

FERTILIZANTES
Y EQUIPOS

REQUISITOS
DEL AGUA

0%
MENOS

INSTRUCCIONES
PARA EL CUIDADO

INSTRUCCIONES
PARA LA SIEMBRA

NOTAS
ADICIONALES

LIBRO DE JARDINERÍA

NOMBRE

POSICIÓN

PROVEEDOR

PRECIO

CLASE DE CIENCIAS

VEGETACIÓN	○	FRUTA
HIERBA	○	FLOR
ARBUSTO	○	ÁRBOL
ANUAL	○	BIENAL
PERMANENTE	○	SEMILLA

FECHAS

GERMINATO

PLANTA

COLECCIÓN

NIVEL DE LUZ

SOL

SOL PARCIAL

OMBRA

OTROS

EMPEZADO POR

SEMILLA

PLANTA

EVALUACIÓN

DIMENSIÓN ○○○○○

COLOR ○○○○○

GUSTO ○○○○○

FERTILIZANTES Y EQUIPOS

REQUISITOS DEL AGUA

0%
MENOS

INSTRUCCIONES PARA EL CUIDADO

INSTRUCCIONES PARA LA SIEMBRA

NOTAS ADICIONALES

LIBRO DE JARDINERÍA

NOMBRE

POSICIÓN

PROVEEDOR

PRECIO

CLASE DE CIENCIAS

VEGETACIÓN	○	FRUTA
HIERBA	○	FLOR
ARBUSTO	○	ÁRBOL
ANUAL	○	BIENAL
PERMANENTE	○	SEMILLA

FECHAS

GERMINATO

PLANTA

COLECCIÓN

NIVEL DE LUZ

SOL

SOL PARCIAL

OMBRA

OTROS

EMPEZADO POR

SEMILLA

PLANTA

EVALUACIÓN

DIMENSIÓN ○○○○○

COLOR ○○○○○

GUSTO ○○○○○

FERTILIZANTES Y EQUIPOS

REQUISITOS DEL AGUA

0%
MENOS

INSTRUCCIONES PARA EL CUIDADO

INSTRUCCIONES PARA LA SIEMBRA

NOTAS ADICIONALES

LIBRO DE JARDINERÍA

NOMBRE

POSICIÓN

PROVEEDOR

PRECIO

CLASE DE CIENCIAS

VEGETACIÓN	○	FRUTA
HIERBA	○	FLOR
ARBUSTO	○	ÁRBOL
ANUAL	○	BIENAL
PERMANENTE	○	SEMILLA

FECHAS

GERMINATO

PLANTA

COLECCIÓN

NIVEL DE LUZ

SOL

SOL PARCIAL

OMBRA

OTROS

EMPEZADO POR

SEMILLA

PLANTA

EVALUACIÓN

DIMENSIÓN ○○○○○

COLOR ○○○○○

GUSTO ○○○○○

<table>
<tr><td>FERTILIZANTES Y EQUIPOS</td><td>REQUISITOS DEL AGUA</td></tr>
</table>

FERTILIZANTES Y EQUIPOS

REQUISITOS DEL AGUA

0%
MENOS

INSTRUCCIONES PARA EL CUIDADO

INSTRUCCIONES PARA LA SIEMBRA

NOTAS ADICIONALES

LIBRO DE JARDINERÍA

NOMBRE		POSICIÓN
PROVEEDOR		PRECIO

CLASE DE CIENCIAS

VEGETACIÓN	○	FRUTA
HIERBA	○	FLOR
ARBUSTO	○	ÁRBOL
ANUAL	○	BIENAL
PERMANENTE	○	SEMILLA

FECHAS

GERMINATO

PLANTA

COLECCIÓN

NIVEL DE LUZ

SOL

SOL PARCIAL

OMBRA

OTROS

EMPEZADO POR

SEMILLA

PLANTA

EVALUACIÓN

DIMENSIÓN ○○○○○

COLOR ○○○○○

GUSTO ○○○○○

FERTILIZANTES
Y EQUIPOS

REQUISITOS
DEL AGUA

0%
MENOS

INSTRUCCIONES
PARA EL CUIDADO

INSTRUCCIONES
PARA LA SIEMBRA

NOTAS
ADICIONALES

LIBRO DE JARDINERÍA

NOMBRE

POSICIÓN

PROVEEDOR

PRECIO

CLASE DE CIENCIAS

VEGETACIÓN	○	FRUTA
HIERBA	○	FLOR
ARBUSTO	○	ÁRBOL
ANUAL	○	BIENAL
PERMANENTE	○	SEMILLA

FECHAS

GERMINATO

PLANTA

COLECCIÓN

NIVEL DE LUZ

SOL

SOL PARCIAL

OMBRA

OTROS

EMPEZADO POR

SEMILLA

PLANTA

EVALUACIÓN

DIMENSIÓN ○○○○○

COLOR ○○○○○

GUSTO ○○○○○

FERTILIZANTES Y EQUIPOS

REQUISITOS DEL AGUA

0%
MENOS

INSTRUCCIONES PARA EL CUIDADO

INSTRUCCIONES PARA LA SIEMBRA

NOTAS ADICIONALES

LIBRO DE JARDINERÍA

NOMBRE

POSICIÓN

PROVEEDOR

PRECIO

CLASE DE CIENCIAS

VEGETACIÓN ○ FRUTA

HIERBA ○ FLOR

ARBUSTO ○ ÁRBOL

ANUAL ○ BIENAL

PERMANENTE ○ SEMILLA

FECHAS

GERMINATO

PLANTA

COLECCIÓN

NIVEL DE LUZ

SOL

SOL PARCIAL

OMBRA

OTROS

EMPEZADO POR

SEMILLA

PLANTA

EVALUACIÓN

DIMENSIÓN ○○○○○

COLOR ○○○○○

GUSTO ○○○○○

FERTILIZANTES
Y EQUIPOS

REQUISITOS
DEL AGUA

0%
MENOS

INSTRUCCIONES
PARA EL CUIDADO

INSTRUCCIONES
PARA LA SIEMBRA

NOTAS
ADICIONALES

LIBRO DE JARDINERÍA

NOMBRE	POSICIÓN

PROVEEDOR	PRECIO

CLASE DE CIENCIAS

VEGETACIÓN	○	FRUTA
HIERBA	○	FLOR
ARBUSTO	○	ÁRBOL
ANUAL	○	BIENAL
PERMANENTE	○	SEMILLA

FECHAS

GERMINATO

PLANTA

COLECCIÓN

NIVEL DE LUZ

SOL

SOL PARCIAL

OMBRA

OTROS

EMPEZADO POR

SEMILLA

PLANTA

EVALUACIÓN

DIMENSIÓN ○○○○○

COLOR ○○○○○

GUSTO ○○○○○

FERTILIZANTES
Y EQUIPOS

REQUISITOS
DEL AGUA

0%
MENOS

INSTRUCCIONES
PARA EL CUIDADO

INSTRUCCIONES
PARA LA SIEMBRA

NOTAS
ADICIONALES

LIBRO DE JARDINERÍA

NOMBRE

POSICIÓN

PROVEEDOR

PRECIO

CLASE DE CIENCIAS

VEGETACIÓN	○	FRUTA
HIERBA	○	FLOR
ARBUSTO	○	ÁRBOL
ANUAL	○	BIENAL
PERMANENTE	○	SEMILLA

FECHAS

GERMINATO

PLANTA

COLECCIÓN

NIVEL DE LUZ

SOL

SOL PARCIAL

OMBRA

OTROS

EMPEZADO POR

SEMILLA

PLANTA

EVALUACIÓN

DIMENSIÓN ○○○○○

COLOR ○○○○○

GUSTO ○○○○○

FERTILIZANTES Y EQUIPOS

REQUISITOS DEL AGUA

0%
MENOS

INSTRUCCIONES PARA EL CUIDADO

INSTRUCCIONES PARA LA SIEMBRA

NOTAS ADICIONALES

LIBRO DE JARDINERÍA

NOMBRE POSICIÓN

PROVEEDOR PRECIO

CLASE DE CIENCIAS

VEGETACIÓN	○	FRUTA
HIERBA	○	FLOR
ARBUSTO	○	ÁRBOL
ANUAL	○	BIENAL
PERMANENTE	○	SEMILLA

FECHAS

GERMINATO

PLANTA

COLECCIÓN

NIVEL DE LUZ

SOL

SOL PARCIAL

OMBRA

OTROS

EMPEZADO POR

SEMILLA

PLANTA

EVALUACIÓN

DIMENSIÓN ○○○○○

COLOR ○○○○○

GUSTO ○○○○○

FERTILIZANTES
Y EQUIPOS

REQUISITOS
DEL AGUA

0%
MENOS

INSTRUCCIONES
PARA EL CUIDADO

INSTRUCCIONES
PARA LA SIEMBRA

NOTAS
ADICIONALES

LIBRO DE JARDINERÍA

NOMBRE

POSICIÓN

PROVEEDOR

PRECIO

CLASE DE CIENCIAS

VEGETACIÓN	○	FRUTA
HIERBA	○	FLOR
ARBUSTO	○	ÁRBOL
ANUAL	○	BIENAL
PERMANENTE	○	SEMILLA

FECHAS

GERMINATO

PLANTA

COLECCIÓN

NIVEL DE LUZ

SOL

SOL PARCIAL

OMBRA

OTROS

EMPEZADO POR

SEMILLA

PLANTA

EVALUACIÓN

DIMENSIÓN ○○○○○

COLOR ○○○○○

GUSTO ○○○○○

FERTILIZANTES
Y EQUIPOS

REQUISITOS
DEL AGUA

0%
MENOS

INSTRUCCIONES
PARA EL CUIDADO

INSTRUCCIONES
PARA LA SIEMBRA

NOTAS
ADICIONALES

LIBRO DE JARDINERÍA

NOMBRE

POSICIÓN

PROVEEDOR

PRECIO

CLASE DE CIENCIAS

VEGETACIÓN	○	FRUTA
HIERBA	○	FLOR
ARBUSTO	○	ÁRBOL
ANUAL	○	BIENAL
PERMANENTE	○	SEMILLA

FECHAS

GERMINATO

PLANTA

COLECCIÓN

NIVEL DE LUZ

SOL

SOL PARCIAL

OMBRA

OTROS

EMPEZADO POR

SEMILLA

PLANTA

EVALUACIÓN

DIMENSIÓN ○○○○○

COLOR ○○○○○

GUSTO ○○○○○

FERTILIZANTES
Y EQUIPOS

REQUISITOS
DEL AGUA

0%
MENOS

INSTRUCCIONES
PARA EL CUIDADO

INSTRUCCIONES
PARA LA SIEMBRA

NOTAS
ADICIONALES

LIBRO DE JARDINERÍA

NOMBRE

POSICIÓN

PROVEEDOR

PRECIO

CLASE DE CIENCIAS

VEGETACIÓN	○	FRUTA
HIERBA	○	FLOR
ARBUSTO	○	ÁRBOL
ANUAL	○	BIENAL
PERMANENTE	○	SEMILLA

FECHAS

GERMINATO

PLANTA

COLECCIÓN

NIVEL DE LUZ

SOL

SOL PARCIAL

OMBRA

OTROS

EMPEZADO POR

SEMILLA

PLANTA

EVALUACIÓN

DIMENSIÓN ○○○○○

COLOR ○○○○○

GUSTO ○○○○○

FERTILIZANTES
Y EQUIPOS

REQUISITOS
DEL AGUA

0%
MENOS

INSTRUCCIONES
PARA EL CUIDADO

INSTRUCCIONES
PARA LA SIEMBRA

NOTAS
ADICIONALES

LIBRO DE JARDINERÍA

NOMBRE	POSICIÓN
PROVEEDOR	PRECIO

CLASE DE CIENCIAS

VEGETACIÓN	○	FRUTA
HIERBA	○	FLOR
ARBUSTO	○	ÁRBOL
ANUAL	○	BIENAL
PERMANENTE	○	SEMILLA

FECHAS

GERMINATO

PLANTA

COLECCIÓN

NIVEL DE LUZ

SOL

SOL PARCIAL

OMBRA

OTROS

EMPEZADO POR

SEMILLA

PLANTA

EVALUACIÓN

DIMENSIÓN ○○○○○

COLOR ○○○○○

GUSTO ○○○○○

FERTILIZANTES Y EQUIPOS

REQUISITOS DEL AGUA

0%
MENOS

INSTRUCCIONES PARA EL CUIDADO

INSTRUCCIONES PARA LA SIEMBRA

NOTAS ADICIONALES

LIBRO DE JARDINERÍA

NOMBRE	POSICIÓN

PROVEEDOR	PRECIO

CLASE DE CIENCIAS

VEGETACIÓN	○	FRUTA
HIERBA	○	FLOR
ARBUSTO	○	ÁRBOL
ANUAL	○	BIENAL
PERMANENTE	○	SEMILLA

FECHAS

GERMINATO

PLANTA

COLECCIÓN

NIVEL DE LUZ

SOL

SOL PARCIAL

OMBRA

OTROS

EMPEZADO POR

SEMILLA

PLANTA

EVALUACIÓN

DIMENSIÓN	○○○○○
COLOR	○○○○○
GUSTO	○○○○○

FERTILIZANTES
Y EQUIPOS

REQUISITOS
DEL AGUA

0%
MENOS

INSTRUCCIONES
PARA EL CUIDADO

INSTRUCCIONES
PARA LA SIEMBRA

NOTAS
ADICIONALES

LIBRO DE JARDINERÍA

NOMBRE	POSICIÓN
PROVEEDOR	PRECIO

CLASE DE CIENCIAS

VEGETACIÓN	○	FRUTA
HIERBA	○	FLOR
ARBUSTO	○	ÁRBOL
ANUAL	○	BIENAL
PERMANENTE	○	SEMILLA

FECHAS

GERMINATO

PLANTA

COLECCIÓN

NIVEL DE LUZ

SOL

SOL PARCIAL

OMBRA

OTROS

EMPEZADO POR

SEMILLA

PLANTA

EVALUACIÓN

DIMENSIÓN ○○○○○

COLOR ○○○○○

GUSTO ○○○○○

FERTILIZANTES
Y EQUIPOS

REQUISITOS
DEL AGUA

0%
MENOS

INSTRUCCIONES
PARA EL CUIDADO

INSTRUCCIONES
PARA LA SIEMBRA

NOTAS
ADICIONALES

LIBRO DE JARDINERÍA

NOMBRE

POSICIÓN

PROVEEDOR

PRECIO

CLASE DE CIENCIAS

VEGETACIÓN	○	FRUTA
HIERBA	○	FLOR
ARBUSTO	○	ÁRBOL
ANUAL	○	BIENAL
PERMANENTE	○	SEMILLA

FECHAS

GERMINATO

PLANTA

COLECCIÓN

NIVEL DE LUZ

SOL

SOL PARCIAL

OMBRA

OTROS

EMPEZADO POR

SEMILLA

PLANTA

EVALUACIÓN

DIMENSIÓN ○○○○○

COLOR ○○○○○

GUSTO ○○○○○

FERTILIZANTES
Y EQUIPOS

REQUISITOS
DEL AGUA

0%
MENOS

INSTRUCCIONES
PARA EL CUIDADO

INSTRUCCIONES
PARA LA SIEMBRA

NOTAS
ADICIONALES

LIBRO DE JARDINERÍA

NOMBRE	POSICIÓN
PROVEEDOR	PRECIO

CLASE DE CIENCIAS

VEGETACIÓN	○	FRUTA
HIERBA	○	FLOR
ARBUSTO	○	ÁRBOL
ANUAL	○	BIENAL
PERMANENTE	○	SEMILLA

FECHAS

GERMINATO

PLANTA

COLECCIÓN

NIVEL DE LUZ

SOL

SOL PARCIAL

OMBRA

OTROS

EMPEZADO POR

SEMILLA

PLANTA

EVALUACIÓN

DIMENSIÓN ○○○○○

COLOR ○○○○○

GUSTO ○○○○○

FERTILIZANTES
Y EQUIPOS

REQUISITOS
DEL AGUA

0%
MENOS

INSTRUCCIONES
PARA EL CUIDADO

INSTRUCCIONES
PARA LA SIEMBRA

NOTAS
ADICIONALES

LIBRO DE JARDINERÍA

NOMBRE		POSICIÓN
PROVEEDOR		**PRECIO**

CLASE DE CIENCIAS

VEGETACIÓN	○	FRUTA
HIERBA	○	FLOR
ARBUSTO	○	ÁRBOL
ANUAL	○	BIENAL
PERMANENTE	○	SEMILLA

FECHAS

GERMINATO

PLANTA

COLECCIÓN

NIVEL DE LUZ

SOL

SOL PARCIAL

OMBRA

OTROS

EMPEZADO POR

SEMILLA

PLANTA

EVALUACIÓN

DIMENSIÓN ○○○○○

COLOR ○○○○○

GUSTO ○○○○○

FERTILIZANTES
Y EQUIPOS

REQUISITOS
DEL AGUA

0%
MENOS

INSTRUCCIONES
PARA EL CUIDADO

INSTRUCCIONES
PARA LA SIEMBRA

NOTAS
ADICIONALES

LIBRO DE JARDINERÍA

NOMBRE

POSICIÓN

PROVEEDOR

PRECIO

CLASE DE CIENCIAS

VEGETACIÓN	○	FRUTA
HIERBA	○	FLOR
ARBUSTO	○	ÁRBOL
ANUAL	○	BIENAL
PERMANENTE	○	SEMILLA

FECHAS

GERMINATO

PLANTA

COLECCIÓN

NIVEL DE LUZ

SOL

SOL PARCIAL

OMBRA

OTROS

EMPEZADO POR

SEMILLA

PLANTA

EVALUACIÓN

DIMENSIÓN ○○○○○

COLOR ○○○○○

GUSTO ○○○○○

FERTILIZANTES
Y EQUIPOS

REQUISITOS
DEL AGUA

0%
MENOS

INSTRUCCIONES
PARA EL CUIDADO

INSTRUCCIONES
PARA LA SIEMBRA

NOTAS
ADICIONALES

LIBRO DE JARDINERÍA

NOMBRE	POSICIÓN

PROVEEDOR	PRECIO

CLASE DE CIENCIAS

VEGETACIÓN	○	FRUTA
HIERBA	○	FLOR
ARBUSTO	○	ÁRBOL
ANUAL	○	BIENAL
PERMANENTE	○	SEMILLA

FECHAS

GERMINATO

PLANTA

COLECCIÓN

NIVEL DE LUZ

SOL

SOL PARCIAL

OMBRA

OTROS

EMPEZADO POR

SEMILLA

PLANTA

EVALUACIÓN

DIMENSIÓN ○○○○○

COLOR ○○○○○

GUSTO ○○○○○

FERTILIZANTES
Y EQUIPOS

REQUISITOS
DEL AGUA

0%
MENOS

INSTRUCCIONES
PARA EL CUIDADO

INSTRUCCIONES
PARA LA SIEMBRA

NOTAS
ADICIONALES

LIBRO DE JARDINERÍA

NOMBRE

POSICIÓN

PROVEEDOR

PRECIO

CLASE DE CIENCIAS

VEGETACIÓN	○	FRUTA
HIERBA	○	FLOR
ARBUSTO	○	ÁRBOL
ANUAL	○	BIENAL
PERMANENTE	○	SEMILLA

FECHAS

GERMINATO

PLANTA

COLECCIÓN

NIVEL DE LUZ

SOL

SOL PARCIAL

OMBRA

OTROS

EMPEZADO POR

SEMILLA

PLANTA

EVALUACIÓN

DIMENSIÓN ○○○○○

COLOR ○○○○○

GUSTO ○○○○○

FERTILIZANTES
Y EQUIPOS

REQUISITOS
DEL AGUA

0%
MENOS

INSTRUCCIONES
PARA EL CUIDADO

INSTRUCCIONES
PARA LA SIEMBRA

NOTAS
ADICIONALES

LIBRO DE JARDINERÍA

NOMBRE

POSICIÓN

PROVEEDOR

PRECIO

CLASE DE CIENCIAS

VEGETACIÓN	○	FRUTA
HIERBA	○	FLOR
ARBUSTO	○	ÁRBOL
ANUAL	○	BIENAL
PERMANENTE	○	SEMILLA

FECHAS

GERMINATO

PLANTA

COLECCIÓN

NIVEL DE LUZ

SOL

SOL PARCIAL

OMBRA

OTROS

EMPEZADO POR

SEMILLA

PLANTA

EVALUACIÓN

DIMENSIÓN ○○○○○

COLOR ○○○○○

GUSTO ○○○○○

<table>
<tr><td>

**FERTILIZANTES
Y EQUIPOS**

</td><td>

**REQUISITOS
DEL AGUA**

0%
MENOS

</td></tr>
</table>

**INSTRUCCIONES
PARA EL CUIDADO**

**INSTRUCCIONES
PARA LA SIEMBRA**

**NOTAS
ADICIONALES**

LIBRO DE JARDINERÍA

NOMBRE

POSICIÓN

PROVEEDOR

PRECIO

CLASE DE CIENCIAS

VEGETACIÓN	○	FRUTA
HIERBA	○	FLOR
ARBUSTO	○	ÁRBOL
ANUAL	○	BIENAL
PERMANENTE	○	SEMILLA

FECHAS

GERMINATO

PLANTA

COLECCIÓN

NIVEL DE LUZ

SOL

SOL PARCIAL

OMBRA

OTROS

EMPEZADO POR

SEMILLA

PLANTA

EVALUACIÓN

DIMENSIÓN ○○○○○

COLOR ○○○○○

GUSTO ○○○○○

FERTILIZANTES Y EQUIPOS

REQUISITOS DEL AGUA

0%
MENOS

INSTRUCCIONES PARA EL CUIDADO

INSTRUCCIONES PARA LA SIEMBRA

NOTAS ADICIONALES

LIBRO DE JARDINERÍA

NOMBRE

POSICIÓN

PROVEEDOR

PRECIO

CLASE DE CIENCIAS

VEGETACIÓN	○	FRUTA
HIERBA	○	FLOR
ARBUSTO	○	ÁRBOL
ANUAL	○	BIENAL
PERMANENTE	○	SEMILLA

FECHAS

GERMINATO

PLANTA

COLECCIÓN

NIVEL DE LUZ

SOL

SOL PARCIAL

OMBRA

OTROS

EMPEZADO POR

SEMILLA

PLANTA

EVALUACIÓN

DIMENSIÓN ○○○○○

COLOR ○○○○○

GUSTO ○○○○○

FERTILIZANTES Y EQUIPOS

REQUISITOS DEL AGUA

0%
MENOS

INSTRUCCIONES PARA EL CUIDADO

INSTRUCCIONES PARA LA SIEMBRA

NOTAS ADICIONALES

LIBRO DE JARDINERÍA

NOMBRE

POSICIÓN

PROVEEDOR

PRECIO

CLASE DE CIENCIAS

VEGETACIÓN	○	FRUTA
HIERBA	○	FLOR
ARBUSTO	○	ÁRBOL
ANUAL	○	BIENAL
PERMANENTE	○	SEMILLA

FECHAS

GERMINATO

PLANTA

COLECCIÓN

NIVEL DE LUZ

SOL

SOL PARCIAL

OMBRA

OTROS

EMPEZADO POR

SEMILLA

PLANTA

EVALUACIÓN

DIMENSIÓN ○○○○○

COLOR ○○○○○

GUSTO ○○○○○

<table>
<tr><td>

FERTILIZANTES Y EQUIPOS

</td><td>

REQUISITOS DEL AGUA

</td></tr>
</table>

0%
MENOS

INSTRUCCIONES PARA EL CUIDADO

INSTRUCCIONES PARA LA SIEMBRA

NOTAS ADICIONALES

LIBRO DE JARDINERÍA

NOMBRE	POSICIÓN

PROVEEDOR	PRECIO

CLASE DE CIENCIAS

VEGETACIÓN	○	FRUTA
HIERBA	○	FLOR
ARBUSTO	○	ÁRBOL
ANUAL	○	BIENAL
PERMANENTE	○	SEMILLA

FECHAS

GERMINATO

PLANTA

COLECCIÓN

NIVEL DE LUZ

SOL

SOL PARCIAL

OMBRA

OTROS

EMPEZADO POR

SEMILLA

PLANTA

EVALUACIÓN

DIMENSIÓN ○○○○○

COLOR ○○○○○

GUSTO ○○○○○

FERTILIZANTES Y EQUIPOS

REQUISITOS DEL AGUA

0%
MENOS

INSTRUCCIONES PARA EL CUIDADO

INSTRUCCIONES PARA LA SIEMBRA

NOTAS ADICIONALES

LIBRO DE JARDINERÍA

NOMBRE

POSICIÓN

PROVEEDOR

PRECIO

CLASE DE CIENCIAS

VEGETACIÓN	○	FRUTA
HIERBA	○	FLOR
ARBUSTO	○	ÁRBOL
ANUAL	○	BIENAL
PERMANENTE	○	SEMILLA

FECHAS

GERMINATO

PLANTA

COLECCIÓN

NIVEL DE LUZ

SOL

SOL PARCIAL

OMBRA

OTROS

EMPEZADO POR

SEMILLA

PLANTA

EVALUACIÓN

DIMENSIÓN ○○○○○

COLOR ○○○○○

GUSTO ○○○○○

FERTILIZANTES Y EQUIPOS

REQUISITOS DEL AGUA

0%
MENOS

INSTRUCCIONES PARA EL CUIDADO

INSTRUCCIONES PARA LA SIEMBRA

NOTAS ADICIONALES

LIBRO DE JARDINERÍA

NOMBRE

POSICIÓN

PROVEEDOR

PRECIO

CLASE DE CIENCIAS

VEGETACIÓN	○	FRUTA
HIERBA	○	FLOR
ARBUSTO	○	ÁRBOL
ANUAL	○	BIENAL
PERMANENTE	○	SEMILLA

FECHAS

GERMINATO

PLANTA

COLECCIÓN

NIVEL DE LUZ

SOL

SOL PARCIAL

OMBRA

OTROS

EMPEZADO POR

SEMILLA

PLANTA

EVALUACIÓN

DIMENSIÓN ○○○○○

COLOR ○○○○○

GUSTO ○○○○○

<table>
<tr><td>FERTILIZANTES Y EQUIPOS</td><td>REQUISITOS DEL AGUA</td></tr>
</table>

FERTILIZANTES Y EQUIPOS

REQUISITOS DEL AGUA

0%
MENOS

INSTRUCCIONES PARA EL CUIDADO

INSTRUCCIONES PARA LA SIEMBRA

NOTAS ADICIONALES

LIBRO DE JARDINERÍA

NOMBRE	POSICIÓN

PROVEEDOR	PRECIO

CLASE DE CIENCIAS

VEGETACIÓN	○	FRUTA
HIERBA	○	FLOR
ARBUSTO	○	ÁRBOL
ANUAL	○	BIENAL
PERMANENTE	○	SEMILLA

FECHAS

GERMINATO

PLANTA

COLECCIÓN

NIVEL DE LUZ

SOL

SOL PARCIAL

OMBRA

OTROS

EMPEZADO POR

SEMILLA

PLANTA

EVALUACIÓN

DIMENSIÓN	○○○○○
COLOR	○○○○○
GUSTO	○○○○○

FERTILIZANTES
Y EQUIPOS

REQUISITOS
DEL AGUA

0%
MENOS

INSTRUCCIONES
PARA EL CUIDADO

INSTRUCCIONES
PARA LA SIEMBRA

NOTAS
ADICIONALES

LIBRO DE JARDINERÍA

NOMBRE

POSICIÓN

PROVEEDOR

PRECIO

CLASE DE CIENCIAS

VEGETACIÓN	○	FRUTA
HIERBA	○	FLOR
ARBUSTO	○	ÁRBOL
ANUAL	○	BIENAL
PERMANENTE	○	SEMILLA

FECHAS

GERMINATO

PLANTA

COLECCIÓN

NIVEL DE LUZ

SOL

SOL PARCIAL

OMBRA

OTROS

EMPEZADO POR

SEMILLA

PLANTA

EVALUACIÓN

DIMENSIÓN ○○○○○

COLOR ○○○○○

GUSTO ○○○○○

FERTILIZANTES Y EQUIPOS

REQUISITOS DEL AGUA

0%
MENOS

INSTRUCCIONES PARA EL CUIDADO

INSTRUCCIONES PARA LA SIEMBRA

NOTAS ADICIONALES

LIBRO DE JARDINERÍA

NOMBRE	POSICIÓN
PROVEEDOR	PRECIO

CLASE DE CIENCIAS

VEGETACIÓN	○	FRUTA
HIERBA	○	FLOR
ARBUSTO	○	ÁRBOL
ANUAL	○	BIENAL
PERMANENTE	○	SEMILLA

FECHAS

GERMINATO

PLANTA

COLECCIÓN

NIVEL DE LUZ

SOL

SOL PARCIAL

OMBRA

OTROS

EMPEZADO POR

SEMILLA

PLANTA

EVALUACIÓN

DIMENSIÓN ○○○○○

COLOR ○○○○○

GUSTO ○○○○○

FERTILIZANTES
Y EQUIPOS

REQUISITOS
DEL AGUA

0%
MENOS

INSTRUCCIONES
PARA EL CUIDADO

INSTRUCCIONES
PARA LA SIEMBRA

NOTAS
ADICIONALES

LIBRO DE JARDINERÍA

NOMBRE	POSICIÓN

PROVEEDOR	PRECIO

CLASE DE CIENCIAS

VEGETACIÓN	○	FRUTA
HIERBA	○	FLOR
ARBUSTO	○	ÁRBOL
ANUAL	○	BIENAL
PERMANENTE	○	SEMILLA

FECHAS

GERMINATO

PLANTA

COLECCIÓN

NIVEL DE LUZ

SOL

SOL PARCIAL

OMBRA

OTROS

EMPEZADO POR

SEMILLA

PLANTA

EVALUACIÓN

DIMENSIÓN	○○○○○
COLOR	○○○○○
GUSTO	○○○○○

FERTILIZANTES
Y EQUIPOS

REQUISITOS
DEL AGUA

0%
MENOS

INSTRUCCIONES
PARA EL CUIDADO

INSTRUCCIONES
PARA LA SIEMBRA

NOTAS
ADICIONALES

LIBRO DE JARDINERÍA

NOMBRE

POSICIÓN

PROVEEDOR

PRECIO

CLASE DE CIENCIAS

VEGETACIÓN	○	FRUTA
HIERBA	○	FLOR
ARBUSTO	○	ÁRBOL
ANUAL	○	BIENAL
PERMANENTE	○	SEMILLA

FECHAS

GERMINATO

PLANTA

COLECCIÓN

NIVEL DE LUZ

SOL

SOL PARCIAL

OMBRA

OTROS

EMPEZADO POR

SEMILLA

PLANTA

EVALUACIÓN

DIMENSIÓN ○○○○○

COLOR ○○○○○

GUSTO ○○○○○

FERTILIZANTES
Y EQUIPOS

REQUISITOS
DEL AGUA

0%
MENOS

INSTRUCCIONES
PARA EL CUIDADO

INSTRUCCIONES
PARA LA SIEMBRA

NOTAS
ADICIONALES

LIBRO DE JARDINERÍA

NOMBRE

POSICIÓN

PROVEEDOR

PRECIO

CLASE DE CIENCIAS

VEGETACIÓN	○	FRUTA
HIERBA	○	FLOR
ARBUSTO	○	ÁRBOL
ANUAL	○	BIENAL
PERMANENTE	○	SEMILLA

FECHAS

GERMINATO

PLANTA

COLECCIÓN

NIVEL DE LUZ

SOL

SOL PARCIAL

OMBRA

OTROS

EMPEZADO POR

SEMILLA

PLANTA

EVALUACIÓN

DIMENSIÓN ○○○○○

COLOR ○○○○○

GUSTO ○○○○○

FERTILIZANTES
Y EQUIPOS

REQUISITOS
DEL AGUA

0%
MENOS

INSTRUCCIONES
PARA EL CUIDADO

INSTRUCCIONES
PARA LA SIEMBRA

NOTAS
ADICIONALES

LIBRO DE JARDINERÍA

NOMBRE	POSICIÓN

PROVEEDOR	PRECIO

CLASE DE CIENCIAS

VEGETACIÓN	○	FRUTA
HIERBA	○	FLOR
ARBUSTO	○	ÁRBOL
ANUAL	○	BIENAL
PERMANENTE	○	SEMILLA

FECHAS

GERMINATO

PLANTA

COLECCIÓN

NIVEL DE LUZ

SOL

SOL PARCIAL

OMBRA

OTROS

EMPEZADO POR

SEMILLA

PLANTA

EVALUACIÓN

DIMENSIÓN	○○○○○
COLOR	○○○○○
GUSTO	○○○○○

FERTILIZANTES
Y EQUIPOS

REQUISITOS
DEL AGUA

0%
MENOS

INSTRUCCIONES
PARA EL CUIDADO

INSTRUCCIONES
PARA LA SIEMBRA

NOTAS
ADICIONALES

LIBRO DE JARDINERÍA

NOMBRE

POSICIÓN

PROVEEDOR

PRECIO

CLASE DE CIENCIAS

VEGETACIÓN	○	FRUTA
HIERBA	○	FLOR
ARBUSTO	○	ÁRBOL
ANUAL	○	BIENAL
PERMANENTE	○	SEMILLA

FECHAS

NIVEL DE LUZ

GERMINATO

SOL

PLANTA

SOL PARCIAL

COLECCIÓN

OMBRA

OTROS

EMPEZADO POR

EVALUACIÓN

SEMILLA

PLANTA

DIMENSIÓN ○○○○○

COLOR ○○○○○

GUSTO ○○○○○

FERTILIZANTES
Y EQUIPOS

REQUISITOS
DEL AGUA

0%
MENOS

INSTRUCCIONES
PARA EL CUIDADO

INSTRUCCIONES
PARA LA SIEMBRA

NOTAS
ADICIONALES

LIBRO DE JARDINERÍA

NOMBRE

POSICIÓN

PROVEEDOR

PRECIO

CLASE DE CIENCIAS

VEGETACIÓN	○	FRUTA
HIERBA	○	FLOR
ARBUSTO	○	ÁRBOL
ANUAL	○	BIENAL
PERMANENTE	○	SEMILLA

FECHAS

GERMINATO

PLANTA

COLECCIÓN

NIVEL DE LUZ

SOL

SOL PARCIAL

OMBRA

OTROS

EMPEZADO POR

SEMILLA

PLANTA

EVALUACIÓN

DIMENSIÓN ○○○○○

COLOR ○○○○○

GUSTO ○○○○○

FERTILIZANTES
Y EQUIPOS

REQUISITOS
DEL AGUA

0%
MENOS

INSTRUCCIONES
PARA EL CUIDADO

INSTRUCCIONES
PARA LA SIEMBRA

NOTAS
ADICIONALES

LIBRO DE JARDINERÍA

NOMBRE

POSICIÓN

PROVEEDOR

PRECIO

CLASE DE CIENCIAS

VEGETACIÓN	○	FRUTA
HIERBA	○	FLOR
ARBUSTO	○	ÁRBOL
ANUAL	○	BIENAL
PERMANENTE	○	SEMILLA

FECHAS

GERMINATO

PLANTA

COLECCIÓN

NIVEL DE LUZ

SOL

SOL PARCIAL

OMBRA

OTROS

EMPEZADO POR

SEMILLA

PLANTA

EVALUACIÓN

DIMENSIÓN ○○○○○

COLOR ○○○○○

GUSTO ○○○○○

FERTILIZANTES
Y EQUIPOS

REQUISITOS
DEL AGUA

0%
MENOS

INSTRUCCIONES
PARA EL CUIDADO

INSTRUCCIONES
PARA LA SIEMBRA

NOTAS
ADICIONALES

LIBRO DE JARDINERÍA

NOMBRE

POSICIÓN

PROVEEDOR

PRECIO

CLASE DE CIENCIAS

VEGETACIÓN	○	FRUTA
HIERBA	○	FLOR
ARBUSTO	○	ÁRBOL
ANUAL	○	BIENAL
PERMANENTE	○	SEMILLA

FECHAS

GERMINATO

PLANTA

COLECCIÓN

NIVEL DE LUZ

SOL

SOL PARCIAL

OMBRA

OTROS

EMPEZADO POR

SEMILLA

PLANTA

EVALUACIÓN

DIMENSIÓN ○○○○○

COLOR ○○○○○

GUSTO ○○○○○

FERTILIZANTES
Y EQUIPOS

REQUISITOS
DEL AGUA

0%
MENOS

INSTRUCCIONES
PARA EL CUIDADO

INSTRUCCIONES
PARA LA SIEMBRA

NOTAS
ADICIONALES

LIBRO DE JARDINERÍA

NOMBRE	POSICIÓN

PROVEEDOR	PRECIO

CLASE DE CIENCIAS

VEGETACIÓN	○	FRUTA
HIERBA	○	FLOR
ARBUSTO	○	ÁRBOL
ANUAL	○	BIENAL
PERMANENTE	○	SEMILLA

FECHAS

GERMINATO

PLANTA

COLECCIÓN

NIVEL DE LUZ

SOL

SOL PARCIAL

OMBRA

OTROS

EMPEZADO POR

SEMILLA

PLANTA

EVALUACIÓN

DIMENSIÓN ○○○○○

COLOR ○○○○○

GUSTO ○○○○○

FERTILIZANTES
Y EQUIPOS

REQUISITOS
DEL AGUA

0%
MENOS

INSTRUCCIONES
PARA EL CUIDADO

INSTRUCCIONES
PARA LA SIEMBRA

NOTAS
ADICIONALES

LIBRO DE JARDINERÍA

NOMBRE

POSICIÓN

PROVEEDOR

PRECIO

CLASE DE CIENCIAS

VEGETACIÓN	○	FRUTA
HIERBA	○	FLOR
ARBUSTO	○	ÁRBOL
ANUAL	○	BIENAL
PERMANENTE	○	SEMILLA

FECHAS

GERMINATO

PLANTA

COLECCIÓN

NIVEL DE LUZ

SOL

SOL PARCIAL

OMBRA

OTROS

EMPEZADO POR

SEMILLA

PLANTA

EVALUACIÓN

DIMENSIÓN ○○○○○

COLOR ○○○○○

GUSTO ○○○○○

FERTILIZANTES
Y EQUIPOS

REQUISITOS
DEL AGUA

0%
MENOS

INSTRUCCIONES
PARA EL CUIDADO

INSTRUCCIONES
PARA LA SIEMBRA

NOTAS
ADICIONALES

LIBRO DE JARDINERÍA

NOMBRE

POSICIÓN

PROVEEDOR

PRECIO

CLASE DE CIENCIAS

VEGETACIÓN	○	FRUTA
HIERBA	○	FLOR
ARBUSTO	○	ÁRBOL
ANUAL	○	BIENAL
PERMANENTE	○	SEMILLA

FECHAS

GERMINATO

PLANTA

COLECCIÓN

NIVEL DE LUZ

SOL

SOL PARCIAL

OMBRA

OTROS

EMPEZADO POR

SEMILLA

PLANTA

EVALUACIÓN

DIMENSIÓN ○○○○○

COLOR ○○○○○

GUSTO ○○○○○

FERTILIZANTES
Y EQUIPOS

REQUISITOS
DEL AGUA

0%
MENOS

INSTRUCCIONES
PARA EL CUIDADO

INSTRUCCIONES
PARA LA SIEMBRA

NOTAS
ADICIONALES

LIBRO DE JARDINERÍA

NOMBRE	POSICIÓN

PROVEEDOR	PRECIO

CLASE DE CIENCIAS

VEGETACIÓN	○	FRUTA
HIERBA	○	FLOR
ARBUSTO	○	ÁRBOL
ANUAL	○	BIENAL
PERMANENTE	○	SEMILLA

FECHAS

GERMINATO

PLANTA

COLECCIÓN

NIVEL DE LUZ

SOL

SOL PARCIAL

OMBRA

OTROS

EMPEZADO POR

SEMILLA

PLANTA

EVALUACIÓN

DIMENSIÓN	○○○○○
COLOR	○○○○○
GUSTO	○○○○○

FERTILIZANTES
Y EQUIPOS

REQUISITOS
DEL AGUA

0%
MENOS

INSTRUCCIONES
PARA EL CUIDADO

INSTRUCCIONES
PARA LA SIEMBRA

NOTAS
ADICIONALES

LIBRO DE JARDINERÍA

NOMBRE	POSICIÓN

PROVEEDOR	PRECIO

CLASE DE CIENCIAS

VEGETACIÓN	○	FRUTA
HIERBA	○	FLOR
ARBUSTO	○	ÁRBOL
ANUAL	○	BIENAL
PERMANENTE	○	SEMILLA

FECHAS

GERMINATO

PLANTA

COLECCIÓN

NIVEL DE LUZ

SOL

SOL PARCIAL

OMBRA

OTROS

EMPEZADO POR

SEMILLA

PLANTA

EVALUACIÓN

DIMENSIÓN ○○○○○

COLOR ○○○○○

GUSTO ○○○○○

FERTILIZANTES Y EQUIPOS

REQUISITOS DEL AGUA

0%
MENOS

INSTRUCCIONES PARA EL CUIDADO

INSTRUCCIONES PARA LA SIEMBRA

NOTAS ADICIONALES

LIBRO DE JARDINERÍA

NOMBRE	POSICIÓN

PROVEEDOR	PRECIO

CLASE DE CIENCIAS

VEGETACIÓN	○	FRUTA
HIERBA	○	FLOR
ARBUSTO	○	ÁRBOL
ANUAL	○	BIENAL
PERMANENTE	○	SEMILLA

FECHAS

GERMINATO

PLANTA

COLECCIÓN

NIVEL DE LUZ

SOL

SOL PARCIAL

OMBRA

OTROS

EMPEZADO POR

SEMILLA

PLANTA

EVALUACIÓN

DIMENSIÓN	○ ○ ○ ○ ○
COLOR	○ ○ ○ ○ ○
GUSTO	○ ○ ○ ○ ○

FERTILIZANTES
Y EQUIPOS

REQUISITOS
DEL AGUA

0%
MENOS

INSTRUCCIONES
PARA EL CUIDADO

INSTRUCCIONES
PARA LA SIEMBRA

NOTAS
ADICIONALES